시간의 변주

시간의 변주

2025년 9월 30일 초판 1쇄 인쇄 발행

지은이 신을소
펴낸이 박종래
펴낸곳 도서출판 명성서림

등록번호 301-2014-013
주소 04625 서울시 중구 필동로 6 (2, 3층)
대표전화 02)2277-2800
팩스 02)2277-8945
이메일 msprint8944@naver.com

값 10,000원
ISBN 979-11-7439-040-0

시간의 변주

신을소 시집

도서출판 명성서림

시인의 말

걸어갈 때가 있고 멈추어 서서 지나온 길을 되돌아볼 때가 있습니다. 지금은 앞으로 가야 할 일도 중요하지만 지나온 발자국을 정리하고 수습해야겠다는 생각을 자주 하게 됩니다. 그 고리 가운데 하나로 지난날 노트에서 미흡하거나 때가 아니라는 생각에 묵혀두었던 시편을 수습해 이번 시집에 함께 묶습니다.

될 수 있으면 예전의 그 날것대로 감성을 그대로 유지한다는 측면에서, 미흡한 것은 미흡한 대로, 부끄러운 일은 부끄러운 대로 세상에 내보냅니다. 삶 자체가 미완이라면 그 삶을 표현하는 시작詩作에서야 무슨 완벽함을 더 바라겠습니까. 다만 부끄러움을 부끄럽지 않게 비껴갈 수 있을 만큼 너그럽게 품어 주시길 바랍니다. 가족을 비롯한 주변에서 성원해 주시는 모든 분께 고마움을 전합니다.

2025년 9월 7일
신을소

2

4

시외버스터미널

종일 눈이 내린다
대기실 노랑 색깔 의자가 체온에 익숙할 즈음
승차권에 등 떠밀려
버스에 오른다

저녁 하늘에 태어나는 별처럼
네온의 불빛이 하나둘 점등하는 도로를 따라
서울을 등지고 달리던 버스
어느덧 작은 도시에 닿았다,

지나온 터미널마다
낙서처럼 쓰인 표지판
어둠 저어 켠, 글자 하나씩을
등 뒤로 던지며

젖은 자국, 손수건에 받아 놓고
마을 어귀 골목마다 마음 뿌리며 들어선 길
하얗게 새하얗게 덮인
눈길은 보이지 않는다

어디쯤일까, 백열등 불빛에
희미한 표지판만 빛살무늬로 스쳐오고
밤은 점점 깊어 가는데
나는 홀로 남은 외딴 섬.

1991. 1.

겨울나무

나무들이 눈 속에 잠겨 있다
저기 저 낯선 설산
언제부터 내렸을까, 며칠이나 저렇게
눈으로 외양을 치장한 미시령 고갯마루

수도승처럼 묵언 수행 중일까,
뿌리만 땅속 깊이 묻어둔 채, 죽은 듯이
자신을 철저하게 내려놓고 서 있는
저 처절한 정진

사랑이란 단어조차 무색할
냉철하고 단호한 결단
나는 죽어도 너는 살라는 차디찬 외침같이
경계의 지표는 순결하고 깨끗한
아름다움의 극치
성스러운 지상, 축제의 장.

2024. 3.

시간이 지나면

젖은 눈을 감으면
맺히는 한 방울 액체

잘잘못에 관한 언어들이 소멸하는 자리
우뚝우뚝 선 팻말처럼
지워버린 기억 속에 혹여
남아 있을지도 모를 잔영들…,

북한강물이 묵언으로 전하는 말,
폭포에서 떨어져 아팠던 기억이나
공장지대를 지나다
덮어쓴 오물도
흐르다 보면 다 잊어지더라고,

오늘은
미시령에 바람이 거세고
두물머리에는 비가 내린다.

울산바위를 바라보며

또 다른 세상이다
금강산으로 가려다 미시령 고갯마루에
멈추었다는 울산바위

하룻밤 머문 숙소 창가에서 바라본
하얗게 눈 덮인 산야
어느 누가 저런 형상을 만들 수 있을까
침묵은 침묵을 낳고
대지의 숨소리마저 땅속으로
스며버린 듯, 고요다
고요하다 못해 적막이다

장엄하게 펼쳐진 눈앞의 전경,
산의 골짜기마다
질서 정연하게 줄선 겹겹의 능선
마치 기와지붕의 집들이 줄이어
어깨를 맞대고 한데 어우러져
조화를 이룬

신의 창조는 누구도 따라 할 수 없는
신비의 걸작,
태초의 말씀이 이루어져
처음 세상이 열릴 때, 심히
보시기에 좋았더라 하신 그분의 말씀,
차디찬 신선함은
두 무릎이라도 꿇어야 하겠다.

조화

다양한 색상의 조각들이
한데 어우러져 있다
식탁 위에 각각의 색다른 무늬가
나름 나름의 배치로 사열査閱하듯
몇 줄기 물결을 이룬다

누군가의 손으로 물들여졌을
저들만의 특성을 살린 독특한 색깔
서로 다른 차이를 살피다가, 문득
그대와 나의 깊이와 넓이
시간이 흐르고 난 후

서로의 다름이 한데 모여
섞이거나 희석되지 않는 고유의 빛깔로
조화를 이루듯, 멋진 울림의 화음이
한목소리로 부르는 노래이듯

너와 나

각양각색의 말들이 모여 물결을 이루는

이 도도한 강물이 이르는 그곳

저마다 다른 각각의 꽃무늬로

빛을 발하는 커다란 꽃밭이거나, 사시사철

끊이지 않는 폭포였으면 싶다.

2024. 3.

계단 오르기

계단을 오르내린다
오르는 발걸음은 숨이 차고
내려오는 뒷덜미는 늘 쓸쓸하다

할 말 안 할 말, 분간 없이
한껏 자기 자랑에 취하여
이성을 잃어버린 채, 정상에서
하늘 높은 줄 모르고 기세 당당하던 사람일수록
허둥대며 내려오는 익숙한 발걸음들

한 계단 한 계단 사다리 오르듯
삶의 훈련은 누구나 했을 터
오르는 사람 무릎 꿇지 않는 자 없고
올라간 사람 내려다보는 눈이 없다.

내려가는 길인지도 모르고
오르막이라 착각하며 안간힘하고 있는,
높고 맑은 하늘의 어느 계절
해거름 속으로
잎새 넓은 낙엽이 진다.

귀여운 일탈

가끔 겪는 일이다
어딜 가나 튀는 모습으로 주목받는 사람
한둘 있게 마련,

그게 좀 긍정적이면 좋겠는데
예정된 시간, 함께 움직여야 할 그때
나타나지 않아 일행들을 초조하게 하거나
가던 길 되돌아 찾아가야 하는

'습관성 자발적 낙오증후군'이라고
곁에 있는 누군가가 명명하듯, 늘
챙겨야 할 그런 사람이 있다.

한바탕 소동이 끝나면
그 사람 때문에 마음껏 웃고 떠든 시간이
더 즐거웠던 순간으로 남는
기억의 화첩畵帖

삶은 짜진 틀대로만
걸어가는 여행이 아니라
멀리는 말고, 조금
비틀거나 벗어나는 맛에 더 풍성해지는
그런 만찬 같은 것과
그렇지 못한 것들이 있다.

삶, 그 여정

문밖은 무척 춥습니다
며칠간 한파가 지속이라는 일기예보처럼
돌아가는 골목길은
유난히 매서운 바람을 몰고 와
예리한 송곳이듯
온몸을 찌르는 듯한 느낌입니다

햇살 하나 없는 흐린 아침
하늘은 청회색 장막인 양, 나지막이 내려앉고
채찍처럼 매섭고 칼날처럼 예리한
세찬 바람 앞에 눈가엔
저절로 이슬이 맺혀옵니다,

출근길 차창에 비치는 강가에는
이름 모를 물새 떼
강물 위에 그림처럼 내려앉았다가
창공을 향해 날아오르기도 하고
또 다른 한패는 풀숲에 주저앉아 추위도
잊었는지, 저희끼리
수다가 한창인 것 같습니다

물감들인 화선지 마냥
미동도 없이 정지하고 있는 저 강물
저 밑에도 격류가 흐르고
소용돌이로 물고기의 일상을 헤집으며
언젠가는 바다에 이를 것,

그러나 강물도 가끔은
평소에 작다고 무시하던
모래알의 저항을 이기지 못하고
석호潟湖에 갇혀 바다에 이르지 못한 채
흐름의 자유를 박탈당하기도 하는데

추울 때만 찾아와
추위 속에 사는 법을 시연試演하는 철새
강물도 예단하지 못하는 물길
아무도 예측할 수 없는
시간의 변주
당신은 오늘 밤 어디서 묵나요?

1997.

당신의 손끝

봄 햇살에 활짝 핀
꽃들의 축제
당신의 손끝으로 빚으신
아름다운 나날의 질서
눈이 부시다

고마움이 많아
잊고 살아온 감사가
은혜로이 빛나는 또 다른
아침의 빛인 것을

봄 동산에 올라서니
촉촉이 젖어 흘러내리는
새순 잎들의 속삭임

이슬로 어둠을 가르듯
당신께서 주신 귀한 선물
가슴에 새겨본다.

꽃의 변명

꽃 한 송이 웃고 있지요
활짝 피어낸 꽃, 겨울이 오면 시들겠지만
계절을 거부하는 온실에서 자란 꽃

물도 부족하지 않고
춥거나 덥지도 않은 적절한 온도에
영양주사도 맞고
보살펴줄 누군가가 늘 옆에 있지요
그래도 부족하면 또 다른 인맥을
끌어들이기도 하고 그걸 사람들은
비선이라 하지요

그런데 어쩌면 좋을까, 저 아래
수많은 작은 꽃들의 무리가
빈 뜰로 나오라 하네요
귀 막고 있어도 수없이 밀려드는 저 함성
온 대지 위에 살얼음이 덮이고
폭설은 계속 내리는데
빈 뜰에 세차게 불어대는 겨울 찬바람

자신이 무엇을 잘못했을까, 아직도
깨닫지 못하는 그녀는
그간 오랫동안 살아온
꽃자리인 온실이 죄일까요.

눈밭

밤사이 눈이 내렸네
아침 창문을 열고 바라다보니
밤사이 내린 눈밭

살짝 속살을 드러낸 듯한
정원 가득, 여기저기 얼음조각상,
수놓은 듯한
별꽃 같은 꽃무늬의
눈꽃 축제

차지도 덜하지도 않은
그윽하게 다가서는 눈앞의 정경
배워야겠네,
하늘의 큰 섭리를

지나고 나면 아무것도 아닌 것을
잘났다고 뽐낼 일도
자랑할 아무것조차 없는
볕 들면 녹아버릴 눈밭 위
헛바람에 춤추는 사람들

너나없이 발밑은
여기저기 살얼음판, 조심 또 조심
순백의 눈길을 걸으며
새로운 삶의 길을 배워가야겠네.

터널

터널을 지나본 사람은 안다,
원통으로 둘러싸인 좁은 공간
답답하기도 하고
잠시도 긴장을 풀어놓을 수 없는
힘들고 지치게 하는 곳예

차선을 바꾸거나 추월해서도 안 되는
앞차와의 거리 조절,
차들의 흐름 따라 움직이는
타자의 의지 따라 움직이는 어떤 삶과 같은
되돌릴 수 없는 거기,

그래도 묵묵히 가다 보면
끝이 보이는
숨이 막히듯 헉헉대던 일들이
하나둘 풀려나듯
점점 가까이 다가서는 빛살

긴 터널 하나 지나온 게
생의 한 고개 넘어온 듯, 환하게
다가서는 하늘빛.

2024. 5. 8.

하늘이 보이는 날

갈잎끼리 몸 섞는 바람결이 차다
바닥에 바짝 엎드린
개울물이 몸서리를 치고
길섶 새들의 회식 자리 노랫가락에 흥겨운
언덕배기 굴참나무도 주춤주춤 춤사위 끝에
저도 모르게 도토리 몇 알 떨어뜨린다
다람쥐 눈망울보다 짧은 다리가 먼저
제 몫 챙기느라 분주하고
때까치도 마지막 사냥에 지쳐
느티나무 가지 찾아 조속조속 졸고 있는 사이
알집 짓고 내려오던 사마귀 주검이
성자의 입상立像인 양 거룩한데
휴식 없이 달려온 하룻길이 힘들었다고, 해조차
펄썩 주저앉았다 떠난 산정 녘 하늘이
단풍보다 더 아름답게 물이 들었다

땅바닥만 바라보며 달려온 사람들이
풍선처럼 부풀어 오르는 볏섬이나
저온 창고로 몰려드는
사과 · 배 · 감 · 고구마 · 감자들에 보내는
환한 웃음 끝에 비로소 바라보는 하늘,
갈대도, 새들도, 굴참나무도,
다람쥐, 때까치, 사마귀도, 올 한 해
사람 더불어 잘 살아오게 하신 보이지 않는 손길
'감사합니다'하는 이 말이, 오늘만은
진심이라고 입에 발린 소리는 결코 아니라고
오롯한 마음으로 어제와는 다른
또 하나의 하늘을 쳐다봅니다.

변명

오늘은 어딘가를 가야겠다
혹여 가져갈 것 잊을까,
하나하나 생각나는 대로 현관 앞에 모아놓고
또 빠진 게 없을까, 이방 저방,
휘둘러 주위를 살핀다,

정작 떠나려던 아침은 정오를 넘기고
잔뜩 찡그린 흐린 날씨의 안개 속
비가 오시려나
눈이 내리려는가
베란다 창밖을 내다보고 또 본다

지난밤 잠 설치고 겨우 새벽 3시경
잠든 것 같은, 아마도 차 점검차 나갔다가
마신 커피 탓일까, 마침 창밖엔
비가 내리고 세찬 바람이 불어댄다

잔뜩 찌푸린 안개 속 밖의 풍경
아무래도 오늘은 무리일 것 같아
내일 가겠노라고 직접 통화는 말을 못하고
약속 시간 변경을 전하는 전화 메시지

그럴 줄 알았다는 답신 받은 후
편해진 마음, 하루가 또 지나간다

꽃샘추위

뜻하지 않게 겪어야 하는 일이 있다
온몸에 얼음이라도 밸 것처럼
손이 시리고 발이 시려 추위에 웅크리고 앉을
마땅한 자리조차 없이
서성거려야 했던 하루 이틀 사흘,

춥고 배고프고 의지할 곳 없이
쏟아지는 포성과 북쪽 하늘은
불바다에 한없이 헤매야만 했던
그때의 육이오 사변, 지금은
지구촌 곳곳에서 벌어지고 있는 전쟁으로
생명과 집을 잃고 이리저리 헤매는
딱한 수많은 피난민의 아픔이
가슴에 와닿는다

문밖은 계속 눈이 내려 소복소복 쌓이고
나다닐 길마저 얼지 않기를 바라며
또 하루하루를 지낸다
보일러 기술자는 어디가 잘못인지
원인을 모르겠다며 한전의 전압을 탓하고

한전 기술자는 나름대로 알아봐야겠다며
전주에 올라 저녁내 거세게 쏟아지는
함박눈을 맞으며 손전등에 의지하여
전선을 살피는데, 설상가상으로
정전까지 겹쳐 한 수를 더 거든다

전기만을 의지했던 그 밤은
온 동네가 전기마저 나가버려
언 손을 녹이려 두 손 맞잡고 비벼본다
얼마쯤 시간이 지나면 봄이 오듯
언제 그랬을까 싶게, 차츰차츰
집안 곳곳은 따스해지겠지,

전기만이 광열의 공급원인 인류의 미래가
어느 날 온 지구가 깜깜해지는 밤이 오리라는
불길한 예감이 고개를 쳐들어
아궁이 지필 장작이라도 마련하고
전지랑 양초라도 두둑이
마련해야 할 것이 아닌가 싶다.

어느 여름날

목적지 없이 떠난
어느 여름날
계절의 뒷등을 향해 주르륵주르륵
쏟아져 내리는 소낙비
한철 찌든 몸속 더러운 찌꺼기까지
씻어주려는지
다정한 친구처럼 연인처럼
아무런 망설임 없이 살 속을 파고드는
빗물

거리의 사람들은 너나없이
무엇을 찾아가는 길인지, 종종걸음으로
바쁘게 제 갈 길을 재촉하고
나는 버스에 올라
어디쯤에서 내릴까를 가늠하는데
계속 쏟아지는 빗물,
아무래도 가을 마중 나들이는
비 그친 뒤로 미루어야겠다.

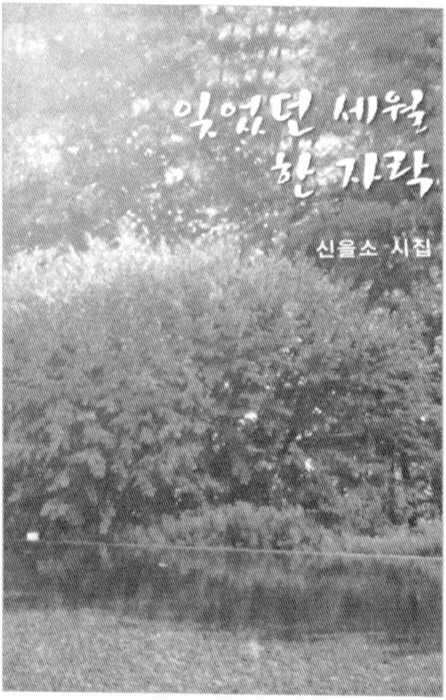
잊었던 세월
한 자락
신을소 시집

새벽

사박사박 누가 오시려는가
이른 새벽 내 귀에 들리는
저 발걸음 소리

창문을 활짝 열어놨는데
아무도 다가오는 모습은 보이지 않고
귀 기울여 본다

하얗게 첫눈 내린 새벽길
홀로 찾아오시려나, 누구랑 함께이실까,
나의 무거운 짐 져주시려

자취도 없이 찾아오시는
사박사박 귓가를 스치는
저 발걸음 소리.

2018. 7. 7.

그림 그리기

이 길일까, 저 길일까,
붓대를 잡고 화선지 위에
먹물을 풀어 선과 선이 이어지는 자리

띄우다 붙이다가 꽃봉오리와
활짝 피어난 꽃을 그려보다가
여리지만 강인한 몸짓으로 선과 선이
어우러지는 형상

우리 삶이 그러하듯
의도한 대로의 재현은 어렵지만
손에 잡힌 붓대를 따라, 또다시
고집부리듯 외길을 간다

미완의 끝은 언제일까, 무작정
그렇게 나의 길을 간다.

동해바다

새벽안개 속에 고속도로 달린다
동해시에 있는 감리교회 기공식 행사
초청을 받고 가는 길, 가는 김에 바닷바람이나
원 없이 쐬고 올 작정이다

삶에는 늘 찌꺼기가 생기는 법,
응어리져 내 안에 자리 잡기 전
삭일 수 없으면 배출이라도 해야지
그곳 바다에 가둫으면
시원하게 털어버릴 수 있겠다,

바닷물에 깨끗이 발을 씻고
그 물 몇 방울 들이켜
내 마음 더 상하지 않게 절여놓고
하늘을 바라보면 새로운 세상이 열리듯
나를 반겨줄 누구 나타나지 않을까

아직 도착하지 않은 아침을 향해
가속기를 닦달하다가 문득
과속 중에도 감시카메라 앞에서는 지극히
순종적인 내 모습이 민망하다는 생각이다
내 믿음의 행로는 어떠했을까,

행사 시간에 맞출 수 있을까, 이정표를 확인하며
가다가 힘들면 휴게소 들렀다가
국도로 빠져나와 해안도로 한 바퀴 돈 다음
행사장을 찾았다. 행사 시작 시각에 맞춰

오랜만이다, 반가운 얼굴들과 바다
바닷바람 때문일까,
만나는 사람마다 악수도 하고 포옹도 하는 사이
온몸이 텅 빈 듯 시원하다. 역시
사람으로 인한 병은 사람이 약이지.

2004. 5. 15.

동해 감리교회

먼 길을 떠나, 예 와서 보니
바다의 해초 냄새가 코끝을 자극한다
숨을 크게 들이마시고
내쉬기를 거듭해 본다

긴 시간 운전의 후유증인가,
온몸에 땀이 배어나고 춥다가 덥다가를 반복하며
몸이 제대로 움직여지지 않는다

잠시 후 안내자 따라나선 앞뜰
임시로 만든 식장, 교인들과
교계 인사들이 함께 모여 동해감리교회
기공식 예배를 드린다

바다를 향한 내 마음은 잠시 접어두고
진행 순서대로 강대상 앞에 나아가
축사를 위해 마이크를 잡는다
숨을 고르며 의외로 차분하게
축하의 말을 전하는데, 내 몸 상태를
잘 아시는 주님의 배려인 듯하다

벼르고 온 바다행인데
그저 돌아설 수는 없는 일, 지친 몸에
생기를 불어넣어 주실 그분을 믿고
바다 냄새 따라 자리를 뜬다.

동해에서

창문을 열고 밖을 내다보니
동해의 바다가 한눈에 바라보인다
숙소엔 사람들이 많아 무척 소란해
아마도 단체 손님이 들어왔나,

쉽게 찾아올 것 같지 않은
잠을 부르러 아래층으로 내려갔다,
맥주 몇 모금으로 유혹해 볼까
잠도 약발은 잘 받겠다 싶어
내려갔다가 허탕을 치고 다시 올라와
우선 내일을 위해 쉬어야 했다,

억지로 몸을 눕히고
내일은 황금찬 시인 시비 제막식에 가야 하니
사정도 하고 협박도 하다가
못 잔 것도 같고, 잠시 잠들었던 것도 같은
비몽사몽 중 이른 아침 출발은
동해에서 양양으로
밤하늘엔 별도 보이지 않았다.

연길의 팔월

아침부터 내린 팔월의 폭우
자동차 경적의 세례를 받으며 찾아간
바이샨 커피숍

만나기로 약속한 시인의 출현은 지연되고
다른 손님들이 계속 뿜어대는
담배 연기 냄새만 맡는다

저 사람들 국적은 어딜까
중국, 러시아, 아니면 유럽의 어느 나라
서양인, 제각각 다른 그들의
말은 구분이 없고 기다리는 시인은
오지 않아 돌아선 길

올라탄 택시 기사는 말이 안 통하고
나더러 내리라는 듯한
말투와 몸짓 따라 내렸는데
요금 내라는 말이 없다, 무슨 일인가,

우산을 받쳐 들고 대로를 걸으며
부슬비 내리는 이국의 정서를 실감한다
낯익은 길도 익숙한 언어도 아닌
낯선 길에 뛰어들었던 지나간 일들이
빗속에 주마등처럼 스치고

나는 늘 낯선 사람들 틈에서
나의 길을 찾아 나섰지,
낯익은 길을 내기 위하여.

2004. 8.

강릉에서

아슴푸레 졸음이 올 것 같은
삼월 하순의 어느 봄날

영동고속도를 달리다가 몇 차례쯤 휴게소에 들러
커피로 졸음을 배웅하며
스치는 봄 햇살에 화사해 보이는
어느 여인의 의상쯤을 생각해 볼 겨를도 없이
다시 승용차에 올라 질주하는
차들 속으로 들어선다,

참 좋다, 참 좋아, 대관령을 넘으며
가슴 속으로 울려 나오는 환성에 이은
강릉 동해의 이정표 팻말,
집에 있을까, 놀러 오지 않는다고 성화대는 내 친구
오늘은 아무 전갈 없이
그냥 왔다가 되돌아가리라

나 때문에 남까지 힘들게 하지 말아야지
바닷가 횟집을 찾아 차를 대면
바닷속으로 빠져버릴 것 같은
파도 횟집에서 점심을 먹고

부탁한 생선으로 끓인 미역국은 포장하고
열심히 먹다 보니 어느덧 과식
손님이 드문 횟집 주인의
과잉 친절에 가까운, 깍듯한 인사가
더욱 배를 불리게 하는 하루 여행.

정동진

어디로 갈까, 해돋이로 유명한
정동진의 명물이 된 기차역 그리고
산과 바다 사이 세워진 큰 배 형상으로
지은 썬 크루즈 리조트

바다가 내려다보이는 남극의
외딴섬을 재현한 정원에 의자와 야자수 나무
그대로 묶인 채, 겨울 채비는 아직 풀려나지 않고
바닷물에 씻겨내려 패인 바위에
찢어진 올마다 퇴색해 버린 잔해,
고목처럼 기다리다가 지쳐버린 장승

사람의 눈길을 의식한 시위인가.
하도 많은 사람 눈길 받다가 멍청하게
귀먹고 눈멀어 아무도 알아볼 수 없는
바다 곁에 몸을 맡긴 채
버티고 서 있나보다,

해안 경비대 옆을 지나서
화살표 방향인 배 안으로 들어서니
들려오는 사람들의 발자국 소리
엘리베터는 7층 바다전시관에 내려놓고

우리 눈길이 머문 자리
노년의 어느 사람들, 각자 따로 놀고 있다
한 사람은 이쪽 또 한 사람은 저쪽
늙을수록 붙어 있으라 했는데.

2006. 9. 21.

화진포

한 번쯤 가보리라 벼르던 호젓한 석호
하루 속초에서 머물고 아침부터 북으로 달려갔다.

6.25 없는 분단으로 지속이 되었다면
찾아올 수 없었을 38선 이북의 땅
노송이 우거지고 바다가 가까이 보이는
도로를 따라 들어선다,
가다 보니 이승만과 김일성, 양립할 수 없는
두 사람의 별장 표지판이 참 낯설다.

날씨는 진눈깨비가 흩날리고 계단을 올라
들어선 첫 번째 장소
이승만 별장 거실엔 모형으로 조각된
두 부부가 의자에 나란히 앉아 있고
몇 가지 그들의 유품 모형이 있다.

거실 창밖으로 넓은 호수가 보이고
웃자란 나무들이 휘어질 듯 바람에 흔들리고 있다.
다시 김일성 별장을 찾아 나서는 길
밖에는 세찬 바람이 불고
바다의 파도는 심하게 몸을 비튼다.

별장 오르는 계단 중간쯤, 러시아인과
김정일 어렸을 적 함께 찍은 사진을 본다.
빙 둘러 오르는 계단 따라 별장의 역사를 읽는데
독일의 유명한 건축가가 선교사들의
휴식을 위해 휴양지로 쓰려고
건축한 집이란 설명의 글이 있다,

두 별장 중간쯤에 이기붕 별장이 있고
관람객은 별로 없는데, 세차게 불어대는
바람과 바다의 거센 파도
포폄褒貶을 달리하는 저들을 무심히 지켜볼 뿐,

하늘도 더는 해줄 말이 없다는 듯
부슬부슬 부슬비만 뿌리고
더 이상의 북쪽은 불가촉不可觸의 땅
우리가 탄 차는 남으로 달려간다.

2024. 3.

개성방문

2008년 4월 30일 남북문학교류 행사에 참여하기 위해 서울에서 모여 전세버스에 올라 북으로 달려갔다. 판문점에 도착하여 잠시 조심해야 할 사항 몇 마디 주최 측으로부터 안내받고 남측 출입국사무소에서 통행증 발권 및 출경 절차를 거친 뒤 곧바로 북측 출입국사무소로 이동해 북측의 입경 절차를 밟는 중 매의 눈처럼 쏘아보는 북측의 공안원들, 아무런 잘못도 없이 공연히 위축되는 기분에 눈길을 마주치지 않으려 바로 바라보지 않았다.

허리가 잘린 한반도의 실제상황을 실감하게 되는 순간, 마음이 이상해졌다. 남측에서 타고 간 버스는 그곳 판문점에 세워놓고 북측이 제공하는 버스에 올랐다. 버스 앞자리와 뒷자리엔 북측의 공안원들이 미리 와 앉아 있었고 분위기는 긴장된 듯, 입을 여는 사람이 아무도 없었다.

개성을 향해 우리가 탄 버스는 조금은 험하다 싶은 산길로 달려가며 창밖을 내다보니 여기저기 민둥산에 붉은 글씨의 수령을 찬양하는, 현수막이 내걸려 펄럭이고 민둥산 위에는 일정한 간격을 두고 무장한 인민군들이 여기저기 부동자세로 우리 동정을 살피는 듯한 살벌한 기운이 감돌았다.

버스가 개성 시내에 도착하자 공안원이 창밖 저 멀리, 손짓으로 가리키는 곳에 개성의 남대문이 있고, 저쪽으로는 왕건의 왕릉이 공민왕의 능이 나란히 있다는 설명을 해주었다. 우리는 먼저 차에서 내려 개성공단을 둘러보기로 했다. 끝없이 넓은 붉은 황토색의 땅은 평지의 길이가 어디쯤일지 분간할 수 없고, 땅 욕심 많은 우리 주변의 사람들이 탐낼 만큼의 광활한 개성공단 여기저기를 둘러보았다.

점심식사를 위해 찾아간 곳은 개성의 민속식당인 통일관
이었다. 정갈스럽게 차려진 음식은 놋그릇과 놋수저에 각
가지 반찬의 개성 음식이 정갈스럽게 차려져 나왔고 남자
들은 반주까지 하고 우리식대로 식후에 커피도 준다고 주
문을 받는다. 잠시 여기가 서울인지 북한 땅인지 혼란스럽
게 하는 순간, 동족인 우리가 적대하며 살 이유가 있을까,
통일은 당위를 넘어 필연의 역사적 명령이라는 생각이다.

점심식사 후 밖으로 나와 우리 몇 사람은 북측 공안원들
과 함께 기념사진을 찍고 다시 평범한 관광객으로 돌아와
다음 목적지를 향해 찾아갔다.

선죽교

개성 선죽동, 선죽교에서 본다
600년이 지나도록 살아 있는 죽음을
등짐을 지고 버티는 돌다리가 있다.

차마 그 등짝을 밟을 염치가 없어
대나무로 환생한
그 충절의 흔적을 찾는 일행들과 멀찌감치 떨어져
묵념하듯 눈을 감고
그날의 절박했던 현장을 재현해 본다.

대나무면 어떻고 갈대면 어떠리,
동서고금 정적의 피가 없었던 권력이 있었던가,
한석봉의 명필로 된 추모비를 비롯해
영조도 고종도 경쟁하듯 세운
강직한 충신의 원혼을 달래고 칭송하는 두 개 비석이
만고의 보편적인 숭모의 기표로 함께 서 있다.

이제는 이 땅에 이 역설의 진실
선죽교 같은 다리가 다시는 나타나지 않기를 기도하며
무거운 발걸음을 옮긴다.

박연폭포

개성의 북쪽 위치한 박연리,
천마산과 성거산 사이를 흐르는 계곡물이
모여 연못을 이룬 박연연못,
그 낙수가 이름하여 박연폭포다.
송도삼절松都三絶 화담과 황진이 나란히
인격화한 폭포는

깎아 놓은 듯한 계곡 벼랑과
사방이 병풍처럼 쳐진 풍광으로
유난히 짙푸른 청색의 쏟아지는 물길을 헤치고
우리 황진이 형님이
잘라낸 동짓달 긴 밤 한 자락 가져와
오늘 밤 우리와 더불어
밤샘 시 짓기 경연이라도 권할 것 같다.

차로는 갈 수 없어 도보로 이동하는 길
돌부리에 차이면서 걷는 길가
여기저기 바위에 새겨진 수없이 많은 이름자
위대한 수령을 찬양하는 붉은 글씨,
여기서도 어김없이 눈 앞을 가리고
폭포처럼 분출하는 인간의 끝 모를 욕망
저리 맑은 물로도 씻지 못하는.

고려박물관

성균관의 건물과 부지로 개관한 곳,
건물 18채로 꾸며진 모두 4개의 전시관은
고려의 역사, 경제, 과학, 문화를 짐작하게 하는
천여 점의 유물이 전시된 박물관에 들었다.
야외에는 오층 석탑을 비롯한 각양의 조각품이 있고
들어선 입구부터 관람객을 압도하는
웅장한 옛 청기와집의 고풍스러운 모습
오백 년 도읍지의 면모가 눈에 들어찬다.

너른 마당 한편 여기저기
속이 텅 빈 우람한 고목이 세월을 거스르며 서 있다.
나는 그 텅 빈 나무속으로 들어가
세월의 냄새를 맡으며
한동안 그 속에 서 있었다.
세 사람은 넉넉히 들어갈 거대한 동공
얼마나 많은 사람을 받아주었는지
나무속까지 반질반질 윤기가 돈다.

이토록 나무가 속을 썩일 동안
이 땅에 사는 사람들의 속은 얼마나 썩었을까,
산천은 의구한데
속이 썩어간 인걸들은 오늘도 볼 수 없다.
야은 길재 선생이 오늘 이곳에 함께 계신다면
무슨 노래로 마음을 달랠까.

쉼터
-양수리 야외 공연장에서

북한강을 노래했던 황시인

그분은 가고, 덩그러니 돌비에 새겨진
시편만 강바람을 타고 찾아온
가랑비에 젖고 있다

북한 강변 쉼터엔
어디서 왔는지, 평일인데도
주차장엔 차들이 빽빽하고
여름 한 철 초록빛 들풀들은
영롱한 자태로
강변을 지키고 있다

몇 년 전 시비 제막식에서 시인을 모시고
이곳에 참석한 시장을 비롯한 지역 유지들과
문인들 몇이 모여
사진을 찍던 자리,
옛사람은 떠나고
비바람만 기억의 강물을 부른다

때맞춰 강물을 거슬러 오르는
돛단배 한 척 누구를 태우려는지
저만의 여유를 즐기고 있다

저만치 흐르는 강물처럼
그렇게 떠나간 사람들을 보내고
나는 또다시
왔던 길 되돌려 길을 나선다

강바람에 밀려나듯 아무런 인사도 없이
시인의 전언傳言이듯
속삭이는 빗길을 달려간다.

숭양서원

개성에서 찾아간 숭양서원
고려 충신 포은 정몽주의 집터,
그분을 뵈온 듯, 여기저기 손때 절은 장소들
늘 거닐었을 대청마루와 집 주위를 돌아본다
그를 숭모하기 위해 세운 서원

또 다른 한 무리 관광객들을 만났다
어디서 왔느냐고 물어보니
포은과 화담 서경덕의 학덕을 추모해
문충당을 세운 지역에서 왔다는
에두른 응답이다

포은과 화담의 체취를 맡는 일이
이곳에서도 가능하다니
역사와 체제를 뛰어넘는 민족 공통의 이 정서
더 이상의 무슨 말을 할까.

처음 가는 길

무작정 가보기로 했다
가다가 길을 잃어버릴지라도
불안한 마음은 운전대 핸들을 꼭 잡은 채
뚫린 대로 터널을 계속 달리다 보면
어딘가에 표지판은 있을 터

되돌릴 수 없이 직진만 허용되는
계속 이어지는 터널, 터널
앞으로 남은 거리는 칠 킬로미터란
눈앞의 표지판, 점점 터널을
지나다 보니 5킬로, 2킬로 남은

마침내 나서는 터널,
햇살 속에 드러나는 푸른 하늘과 이길 저길
서울과 춘천 두 갈래 사이에서
어느 쪽으로 나가야 할지, 잠시 머뭇머뭇
속도를 늦추니 뒤차의 요란한
경적소리

'너는 날 때부터 이 길을 알았느냐'
혼자 응얼거리다가 잠시 서운한 마음 달래고,
표시 글대로 앞으로 직진이다
세상의 모든 길은 뚫려 있고
연결된다 했으니 계속 직진이다.

외
출

신윤소 시집

오일장

화창한 봄날, 오랜만에 시장 구경이다
양지쪽 봄 햇살 내려쬐는 한 귀퉁이 자리한
노점상 할머니 나를 쳐다보더니,
반색하듯이 건네는 말

"이거 내가 손수 캐어온 나물이니 가져가요
한 무더기 오천 원에 덤 많이 줄 것이니, 그렇게 해요
어디서 오셨어요, 아직 날씨가 추운데
나물 캐느라 고생하셨네요"
내 말이 떨어지기 무섭게
비닐봉지에 냉이를 담는 할머니

시장 초입부터 사람들로 복잡하고 북적거리는
사람 사는 냄새가 난다,
참 오랜만이다, 한쪽에선 지지고 볶고
또 한쪽엔 시끌벅적 꽹과리를 쳐대며
목소리 높여 사람들을 불러 모으고,

소인지 돼지인지 분간 어려운 갈비뼈들
머리통까지 좌판을 벌여 놓고
산속의 약초와 바다의 생선도, 손수 담갔다는 반찬들
모두가 시장바닥에 모여 북적이는
바쁜 손놀림의 상인들

이것저것 물건 구경 사람 구경으로
빙빙 돌아가며 기웃기웃하다가 또 다른
봄 찾아 길을 나선다.

2024. 3. 18.

메밀국수 집

한 번쯤 가보고 싶던 맛집
가끔 지날 때마다 보던 대로 점심때면
한길까지 주차장이 될 만큼 붐비는 그곳

어느 지인이 삼십 분 내로 갈 것이니
준비하고 있으라는 전갈이다
그 맛집에서 점심식사 하자는 갑작스런 통보에
서둘러 준비하고 기다리는데
한 시간이 지나도록 오지 않아
마을 어귀를 나서니, 그때야 들어서는 차량,
몇 번 왔던 길인데도, 잘못 들어서서
딴 길로 빙빙 둘러 왔단다.

먼저 가서 대기의 순번표 받아들고
기다리던 분은, 미리 받은 순번이 지나가 버려
다시 받았다는 대기 번호표
팔월의 태양은 열기를 뿜어대고
바깥에서 기다리는 시간은 마냥 지연되고 기웃기웃
빈 식탁을 살피는 초조한 눈길들,

드디어 빈자리 찾아 마주하는 식탁의
메밀국수, 딴 집보다 무엇이 다를까,
국수 그릇 위에 얹어진 작은 새우튀김 세 마리,
대접에 가득 찬 국수 국물
설레는 마음으로 한 젓가락 먹어본다.

먹다 보니 씹히는 면발은 내 입맛에
조금 질긴 것 같고 국물은 한식인지 왜식인지
분간이 감지되지 않는데 무슨 특별한 맛에 이끌려,
이렇게 많은 사람이 찾아오는 것일까,
내 입이 별난 것일까, 아니면 우르르
몰리기 좋아하는 대중들의 취향 때문일까.
사람마다 입맛은 제각각이라 하지만.

소식

기다렸습니다,
길을 걷다가도 현관문을 열다가도
아이의 음성이 귓전을 맴돌고
바쁜 시간에 더딘 발걸음처럼 기다려졌습니다

이렇게 기다리다 보면
아이가 현관문을 열고 들어설 것 같아
가슴 열어놓고 기다려도 소식이 없어
오늘은 내가 안부를 전해볼까,

네가 보고 싶고 그립다고
눈물이 핑 돌 것 같은데 우린 너무
멀리 떨어져 있습니다.

2005. 8. 9.

새로 생긴 카페

사람들 차량이 거기까지 드나들 수 있을까, 양방향 차량 교행이 불가능한 좁은 외길, 걸어가는 길도 멀어, 구불구불 산자락에 무슨 카페를 할 수 있을까, 가볼 생각은 아예 없었고, 근처를 지나면서 볼 때마다 아무도 찾지 않을 것 같은 정경이었다.

며칠 전 만난 지인을 따라 산 위에 있는 그 카페로 갔다. 그의 차를 타고 함께 차에 올라 흔들리면서 좁은 길을 거쳐 오르는 가파른 오르막으로 잘 정비된 주차장에 내려 카페 안으로 들어가는 길, 여기저기 큼직한 화분에 담긴 각양각색의 꽃들, 화사하고 탐스럽게 일행을 반긴다, 안으로 들어서자 새로 지은 집답게 깔끔하게 정돈된 모습이 손님을 편안하게 한다.

차를 주문하고 이층으로 올라 바깥 풍경을 바라본다, 눈앞으로 펼쳐지는 고속도로, 그 옆으로 이어진 논과 밭에는 각종의 채소들과 누렇게 익어가고 있는 벼 이삭, 곧게

자란 아름드리의 나무들, 푸르른 잎새가 팔월의 태양 빛을 머금어 금빛을 반사하고 있다.

선입관과는 달리 안온한 풍경 속에 더위도 잊고 한나절의 휴식 시간을 거기 산속에서 보냈다. 오늘과 내일의 시차를 실시간으로 감각을 하듯 달라지는 변화의 바람은 이곳도 예외는 아닌 것 같다. 스스로 보지 않고 단정하는 예단이 위험하다는 진실을 새삼 확인하는 나들이였다.

포도주

와인을 한 모금 마셔 본다,
찬장 깊숙이 잠자고 있는 와인을 깨워

어느 때던가, 와인 두어 잔 마시고
어질어질하던 그때의 기억이 새롭다,
보약이라도 되는 듯 음미하는
한 모금 두 모금

이즘 들어 잠이 말을 듣지 않아
와인을 미끼로 잠을 회유하는 참이다.
내일은 먼 길 운전도 해야 하고
이유 없이 피곤한 몸도 달래야 하기에
꿈 없는 숙면을 위해
홀짝홀짝 홀로 앉아 잔을 기울인다.
며칠 전부터 정리하던 서류뭉치
이리저리 밀쳐두고

성찬식 때의 그 포도주, 주님 나를 위해
흘리신 보혈의 피를 떠올리며 눈을 감고 되뇐다.
사랑하는 자에게 잠을 주신다, 하시던 주님
주님의 피를 마시고 한 몸이 되었으니
오늘 밤은 깊은 잠을 주실 것이다.

2024. 2. 6.

한정식 맛집

참 오랜만이다.
벚꽃이 만발하고 숲이 우거진 정원
몇 년 만에 왔을까

그간 나무들이 많이도 자랐구나.
메뉴 따라 아래채와 위채로 분리되었던 공간이
이제는 아래채를 카페로 꾸미고
아래위를 연결하는 산책길 중간
아취 형의 쉼터도 생겼다.

쉼터에 자리한 소나무 두 그루
그 연인송戀人松 곁에서 바라본
저 멀리 배부른산 그 아래로 펼쳐지는
꽃이 활짝 핀 과수밭엔
사람의 그림자 하나 보이지 않는다,

저만치 새로 난 기찻길 따라
지네 같은 열차가 지나가고
식당 안은 그전엔 방석이던 자리가
의자가 달린 식탁으로
깔끔하게 새로 단장한 모습.

그릇마저 예전 쓰던 사기그릇이 아닌
황 색상의 줄무늬접시에 담겨 나오는 음식
여러 음식의 종류도 조금은 달라진 듯한
맛깔스럽게 차려진 밥상
우리 것을 재현하려는 정성이 애틋하다.

풍습

왜 이리 소란할까, 창문을 열면
들려오는 포탄이 터져나듯,
지나는 자동차 소리, 사람들의 웅성거림
여기저기서 이따금씩 터지는 폭죽 소리

조용히 나를 잠재울
기다림의 연습은 필요한가 보다,
이곳 중국에선 그들의 풍습대로
이사할 때나 개업을 하거나 명절이 오면
꼭 해야 한다는 그들만의 의식,

창밖에서 들려오는 소리의 무게
나는 가만히 자리에 앉아
눈앞에 바라보이는 어느 도공이 빚은
도자기를 바라보다가

매끄럽고 단정한 우아함으로
빛을 발하는 곡선인 그의 혼으로 빚은
도자기 아름다움의 극치인 그 정성, 손길을
새겨보다가 자신을 본다,

그렇게 내가 나를 잠재울
기다림의 시간이 지나면 창밖의
소란함도 사라지겠다.

2005. 8. 9.

그녀와 나

몇 번 갔던 김밥집 주인이
내게 말을 건다,
처음엔 모자가 예쁘다 하더니
조금 뜸을 둔 뒤에는 누가 사드린 것인가 봐요
대답 없이 웃어넘겼다,

이유 없이 멋쩍어진 나는
의자에 앉아 잠시 기다리는 사이
외출 때마다 이것을 쓸까, 저것 쓸까,
거울 앞에 비춰보던 내 모습이
불현듯 쑥스럽게 느껴졌다,

나는 나이를 잊고 살아왔는데
그녀는 내게 나이가 들었다는
말을 하고 싶은 듯
여기 오시는 손님 중 95세의 할머니는
참치김밥을 주로 사 가신다는 수다까지 덧붙인다.
대단하시네요, 그 연세에

웃으면서 인사를 하고 나오는데
문 앞까지 정중한 배웅이다,
나도 이제 나이가 많이 들었나 보다,
바로 말하지 않았을 뿐, 그녀
눈에는 내가 상늙은이로 보였나 보다
나만 잊고 살아온 내 본원의 실체.

대화

아침부터 이어진 대화
예약된 알람처럼 울리는 벨소리

"정원 연못에 두 송이 연꽃이
참 예쁘게 피었네, 그럼 한 송이씩
나뉘면 되겠네, 나뉘기는
두 송이가 나란히 있어야, 예쁘지
그렇긴 하네,

며칠 전엔 한 송이만 피었는데
어느새 다 피어버렸네,
하고픈 말, 많지만 잘 지내다 와
오늘은 더욱 흐뭇하겠네"

하나의 연꽃이 둘이 되었다니
친구야 하나보다는 둘이
더 좋지 않을까.

너는 누구

이른 아침마다 문안 인사를 한다
오늘은 얼마나 자랐을까
오이, 호박, 상추, 고추, 가지, 토마토, 피망, 케일,
비에 젖은 상추의 떡잎을 떼어 주고
무단 침입한 잡초를 뽑아낸다,

아직 제빛을 내지 못한 토마토, 피망,
새들이 쪼았을까, 벌레의 침입일까
송송 뚫려버린 케일의 잎들과 깻잎
저들이 주인이라는 듯
나의 손은 댈 수도 없게 하는
너는 누굴까,

비와 바람으로 한들거리며 자라는 잎새
하루가 다르게 몸피를 불리는 오이, 호박, 토마토,
하늘을 바라보고 예쁘게 자라는 너희들
매일 아침 감사의 인사는 환희다.

마석 오일장

작년 봄에 왔었고 올해 4월에 다시 왔다. 여기저기 처진 임시 천막들, 기세 좋을 회오리바람이 흔들어댄다. 이렇게 봄바람이 심하게 불어대니 영남 쪽 산불이 꺼질 줄 모른다고 상인들끼리 한마디씩 한다.

여기저기 벌여 놓은 각종의 상품들, 그중에서도 새파란 봄나물이 날 데려가 달라는 듯, 싱싱함을 뽐내며 좌판을 독차지하고 있다. 오늘따라 김밥이 먹고 싶어 들어선 장터, 김밥집이 어디 있을까요, 묻는 내 말에 여긴 없을 것이라는 어느 상인의 귀찮다는 듯한 말투다.

필요한 몇 가지, 사서 챙기고 장터를 나오려는데, 멀게만 느껴졌던 저만치, 눈 익은 김밥가게가 눈앞에 보여, 김밥 두어 줄 사서 시장 보따리에 넣고 집을 향해 간다. 바람이 불고 심하게 흔들려도 자리를 지키는 상인들의 끈질긴 삶을, 현재 오일장이 있어 오랜만에 사람다운 냄새를 맡으며 긴 호흡을 한다.

2025. 4. 8.

불꽃

아침저녁 문안 같은 것
아무나 하는 건 아니지,
등잔 심지에 불을 붙이기 전
아직 타들어 갈 수 없는 단단한 심지
무엇을 생각해야 하나
등잔 속 기름은 채워졌을까,
심지는 똑바로 박혀 있는가
시작의 문을 열기 위한 준비는
차분한 마음가짐이 필수
시간이 좀 흘러가야겠다.

2005. 8.

부재중

내가 알고 있는 사람들은
모두 부재중이다
들어서는 도시의 초입부터
낯선 사람과 건물들

오래전 어디쯤에서
그 친구를 만났고 헤어졌을까,
도시의 외각지대로 빠져나니
깨끗하고 산뜻한 건물들, 그리고
해안선 길 돌아 드넓은 바다

반갑다고 언제나 기다렸다고
환호하듯 출렁이는 바다의 물결
저 멀리 수평선에
출발선을 긋고 우리의 시작은
언제나 오늘이다.

감시카메라

어딜 가나 눈도 깜박이지 않고
나를 노려보고 있다.
때때로 피해 다니기도 하지만
어쩔 수 없이 차를 세워놓고
일을 볼 때가 있다, 어느 순간
깜박 지나쳐 버린 시간

잊지 않고 찾아오는 과태료부과 고지서
미리미리 해야 할 일들 준비하기,
늦지 않게 시간 재기,
늘 조심해야 하는
사나운 서방 눈치 보듯
주차 공간을 기웃댄다.

비가 내린다

가을비가 내린다
홈통을 두드리며 쏟아지는 빗줄기
남해의 태풍을 몰고 온다는
거센 비바람

폭염으로 시달리던 지난여름의 찌꺼기를
뼛속까지 시원하게
씻겨 주시려나 봅니다

인도네시아와 일본의 지진과 해일로
많은 사람의 희생, 피난하는 난민들
참혹한 현실에 민망한 나는
두 눈을 감아 버립니다,

수시로 외국 출장 중인 아이들,
궁금하던 안부는 한 통의 전화로 안도하고
파도처럼 일렁이는 그 친구
낯선 표정이 지워지지 않는 한낮

비가 내린다, 폭포수처럼 가을은
한꺼번에 쏟아지려나 봅니다.

2018. 10. 6.

정말 미안해

그간 고마움을 모르고 살았지요,
수도꼭지에서 더운물 찬물 나오는 것이
당연한 것으로 여겼어요, 어느 날 갑자기
보일러 작동이 안 되고 강추위를 직면한 다음에야
미리미리 그런 일 없게 챙기지 못해
미안해 정말 미안해요,

그간 너무 무관심했지요, 점검하고
살펴야 했는데, 당연한 것으로 여겼어요,
이제라도 알게 되었으니, 고마워요,
냉방에 온수 없이 지내는 체험
한 번쯤은 겪어봐야 어려운 환경에 처한
다른 사람들도 이해가 되겠지요,

체감온도를 하향곡선으로 몰아가는
실시간 TV 뉴스는 영하 10도 이하의 기온이
며칠은 더 계속될 것이며
폭설마저 자주 방문할 거라는
기상전문가를 불러 확인시켜 주고 있네요.

보일러 기술자는 고장 신고 폭주로
사나흘 안에는 출동할 수 없다는 짧은 대응이지요.
하긴 눈보라 속에 오긴 쉽지 않겠어요
우크라이나와 러시아, 그리고 이스라엘과 하마스의
전쟁은 살아 있어도 살았다 할 수 없는

그 현장에서 집도 식량도 없이
생사를 헤매는 그 많은 피난민, 저들에 비하면
아무것도 아닌 가벼운 잠시의 불편
이불이랑 담요 다 꺼내 새우잠이라도 자다 보면
내일 아침은 햇살이 환하게 떠오르겠지요.

하루 이틀, 마침내 인내의 임계점에 이르러
밖으로 탈출을 결행했어요, 피난 가듯이.
숙소를 따로 잡고 그곳에 가서
틀어보는 수도꼭지에서 나오는 온수, 더운물이
내 손에 닿는 순간, 평생 처음이듯,
그제야 비로소 사람 사는 것 같아 가슴을 활짝 펴고
숨을 크게 쉬어보기도 했지요.

다음날 오후 마침내 보일러 수리가 끝났다는
기술자의 전화를 받고 돌아와
말도 알아듣지 못하는 수도꼭지를 붙잡고
나 혼자 수다를 떨었지요. 늘 곁에 보고 있으면서도
고마움 잊고 함부로 다루던 수도꼭지,

고마움과 미안함을 토로하는 순간순간의 진정,
삶은 거대 서사로 엮어가기에는 너무
우발적인 틈이 많은 것 같지 않나 싶군요.

나의 어머니

배란다문을 살짝 열고
나와 눈 맞춤을 기다리시던 어머니

넘어지신 이후로 불편한 한쪽 팔
제대로 쓰질 못하면서 이것저것 챙겨주신다고
이것 먹어라, 저것 먹어라, 무엇 하나라도
더 먹어주길 바라시더니
어머니 앞에서 싫다는 말만 하고
돌아서는 길

그만 가서 쉴게요, 현관문 닫고
아파트 계단을 내려가는 딸에게
건강 조심해라. 제때 잘 챙겨 먹고 다녀라,
내게 이르시던 어머니

진작부터 소망하지 않은 건 아니지만
이제부터는 주님,
우리 어머니 건강 회복시켜 주셔서
주님 부르시는 그 순간까지
걱정 근심 잊고 살아내시기를 바랍니다

자주 찾아뵈지 못한 내가
불현듯 죄송함이 사무쳐
나를 용서하세요, 어머니, 혼자 응얼거리다가
잠시라도 어머니 얼굴 뵙고 오니
마음이 한결 가벼워지네,

이 가벼운 마음 또한 불효인 것을.

우리 아가야

네가 어른이 되어 세상을 살다 보면
힘들고 네 뜻대로 안 될 때도 있을 거야
낙심하거나 좌절해서는 안 되겠지,

요즘 TV 뉴스를 보면
젊은 친구들, 인내심이 부족한 것 같아
마음이 답답하구나

힘들고 어렵다 해도
자신의 꿈을 버리지 않는 그런 지혜가 있기를
기다리다 보면 더 좋은 일들이
찾아올 수 있지 않을까,

실패는 성공의 어머니란 말도 있듯이
자기 분수에 맞지 않는
과욕은 없어야겠지, 욕심을 부리다 보면
자신도 모르게, 잘못된 길에 빠질 수 있으니까

늘 우릴 지키시는 하나님을 기억하렴,
옛날 요셉은, 어떠한 유혹에도 굴하지 않고
하나님 말씀 따라 살아
많은 시련을 견뎌낸 사람으로
형들에 의해 애굽의 노예로 팔려갔던 그가
애굽의 국무총리로 세워졌지

아가야! 너는 무슨 일이 있어도
하나님 말씀 안에서 지혜롭게 세상을 살며
항상 너의 꿈을 향해
빛 가운데로 걸어가야 하겠지

웃고 있는 네 사진을 보며 나도 웃는다
언제나 너의 곁을 지키시는 그분
너를 우리에게 보내주셨음을
감사하고 감사할 뿐이다

지내온 나의 생을 돌아보니
힘들고 어려웠던 지난날들은 순간이었고
언제나 즐거웠던 너희들 만남
지난 기억들이 새삼스럽구나. 이 모두가
나를 단련시키신 주님의 은혜와 사랑,

사랑하는 우리 아가야, 무럭무럭 잘 자라서
이 나라에 귀히 쓰임 받는 인재가 되거라
내 소망이요, 내 믿음이다.

가까이 다가가기

식탁에서 자리 다툼하는 손자 손녀
제 애비 옆에 서로 앉겠다고 씨름이다

수저를 옮기면서도 애비 얼굴에
눈을 떼지 못하는 어린 것들

버릇처럼 불러대는
아버지(하나님), 나는 얼마나
가까이 바라보았을까.

추수감사절에
- 무지개

늦가을 비가 내리다가 멈추다가
종잡을 수 없는
어제오늘의 날씨,
세차게 불어대는 바람결에
나뭇가지는
갈색 잎들을 떨어내고 있다.

쏟아지던 폭우의 굵은 빗줄기가
잠시 멈춘 사이
반짝 찾아드는 햇볕에
저만치 내 눈앞에 펼쳐 보여주는 하늘가,
어린애 장난처럼 떠오른 환한 빛의 오색 무지개
문득, 주님께서 그곳으로 걸어오실 것만 같아
한동안 눈길을 거두지 못했다.

오래전 무지개 그 빛을 찾아
소망의 닻을 올려 머나먼 대륙을 향하여
고난의 항해를 했던 청교도 신앙인들,
낯선 땅에 안착하여
수고로움으로 얻은 열매
감사와 찬양으로 주님께 드렸던
그날의 감격을 기억하는 날

순환의 대지를 운행하시는 주님,
우리에게 허락해 주신 한없으신
그 은혜와 사랑
마르지 않는 샘이 솟아오르듯
오늘도 우리 인생의 행로에
이 때아닌 늦가을 비, 쏟아져 내리듯
우리에게 필요한 모든 것 아낌없이 채워주시니
감사와 찬양으로
우리 작은 마음을 드립니다.

2024. 10.

너와 나

언제 오느냐, 묻는 아이에게
"곧 가야지, 그럼 잘 지내고 있어라"
빨리 오라며 재촉하는 아이.
그래도 기다려 주는 네가 있어서
나는 참 행복하구나.

2014.12월 새해를 며칠 남겨놓고
시간을 아껴 쓰지 못한 내가
앞에 놓인 일들에 관하여 잠시
생각하는 새벽 시간.

그동안 딴 곳으로 돌렸던
내 눈과 귀, 누구를 탓하기보다
내 잘잘못 많았던 것을, 또 한해가 지나간다.

가고 오는 세월에 묻혀 잊고 지낸
너도 이젠 내 품을 벗어날 때가
되었다는 엄연한 현실
너나, 나나 모두 익숙해져야겠다.

2014. 12. 22.

한파

한파가 곧 들이닥칠 거라는
달갑지 않은 뉴스의 연속이다

올겨울 들어 가장 엄혹한 추위라 한다
꽁꽁 얼어버린 대지만큼
삶의 현장도 녹록하지 않아서
실업자도 많고 장사도 여의치 않다고
가는 곳마다 울상이다

여러 해 코로나로 경기는 바닥이고
문 닫은 사업체가 많다는데
조여드는 마음은 더욱 조여들어
봄을 기다리는 마음도 초조하다,
꽃은 꽃답게 피고
새는 예전처럼 노래할 수 있을까

하루속히 마스크도 벗고
활짝 웃는 얼굴로 제한 없이
드나들던 그날을
되돌려 주실 순 없으시냐고
간절한 마음으로 두 손을 모은다.

순간

하루에도 몇 번씩 예상치 못한
일들이 일어나고 있다

축하 차 저녁 식사, 마친 젊은 친구들
차도도 아닌 보도에서
갑자기 뛰어든 차에 치여 몇 사람의
귀한 생명을 잃었다는 뉴스
어쩌다 그런 일이 일어났을까,

내일 일을 자랑하지 말라,
하루 동안에 무슨 일이 일어날지 모른다는
성경의 말씀을 기억하며
삶의 우연성이나 재난의 우발성을 생각한다

한창 꽃피울 젊은 나이의 청년들이
그렇게 가버리다니, 한순간에 일어난
그런 일들이, 믿어지지 않는
그 부모, 가족들은 얼마나 당혹스러울까,

나는 멍하니 서서 창밖의 하늘을 바라본다
무더위 식혀주려 불어주던 바람마저
어딘가로 숨어버리고
아무것도 보지 못했다는 듯
무심한 파란 하늘은 어제나 다름없는데

아무런 위로의 언어도 떠오르지 못하는
나의 빈약한 마음속 한편이
왜 이리도 쓰리고 아플까.

언어의 벽

갑자기 쏟아지는 언어의 파편들
폭죽처럼 공중에서 비산飛散하는
파편 하나가 내 머리에
박혀 버렸나 보다

발열에 따른 통증
순간의 참음이 순간으로 이어지는 사이
웅성거리며 들려오는
주변 사람들의 미세한 목소리

아니라 이건 아니라며
또 하나의 파편이 그를 관통했을까
회중을 이끌던 사람도
순간의 충격을 벗어나지 못해

아마도 출력이 잘못되었을 거야
서둘러 끝맺음하는 엉성한 마무리
정작 발화자는 무슨 폭탄을
터뜨렸는지 모르는 눈치다.

누구나 장단점은 있게 마련
조금씩 참고 기다리다 보면, 순간순간
스쳐 지나가 지워지는 물 위의 낙서
그러나 가끔은 그 파편에
생명을 거는 도박꾼도 있다.

2014. 12. 23.

잠시

멀어지기 연습처럼 며칠이 지나도
연락을 하지 않았다

챙겨야 할 사람들과도 조금씩 틈을 두고
그냥 그렇게 조용히 비워두는
나만의 시간, 호수에 비친
푸른 눈빛으로 다가서는 그림을
보고 싶어서인지 모른다

소리 없이 헤엄치는 물고기와
초록의 물결, 불어오는 바람 더불어
하루가 또 하루, 거듭하다 보면
챙겨야 할 시간이 눈앞으로 다가오고
기다려야 할 시간이 자리를 내준다

제대로 그려지는 그림 한 점
누구나 소망하지만
스마트폰 키패드 눌러지듯
쉽게 불려 나오는 그림은 없다

잠시 이 땅에 머물며 그릴 수 있는 만큼만
혼자 그리다가 갈 미완의 그림
아무도 함께 그릴 수 없는
그 그림을 위하여
나는 가끔 나를 유폐 시킨다.

양양 가는 길

봉고차에 실려 톨게이트 지나 고속도로로 들어선다. 산들이 풀어낸 듯한 초록의 숲과 산과 산을 구분 짓듯 휘어드는 계곡, 산의 능선을 맞대고 있는 곡선들의 유희, 내 어머니 젖가슴 모양 같다가도 근엄한 아버지 얼굴을 하고 나타나는 암벽의 돌출, 바깥 풍경을 찬탄하는 일행들의 환호, 문득 저 산들은 보이는 대로 아름답기만 할까. 저 풍광을 이루는 식생植生들은 우리에게 할 말이 없는지. 잠시 딴생각에 침잠한 사이 한계령을 넘는다.

마침내 눈앞에 모습을 드러내는 동해의 바다, 백지 위에 파란 물감을 칠한 듯 잔잔하게만 보이던 수면이, 가까이 갈수록 평면을 거부하며 파도를 일으킨다. 아득한 수평선, 이 광활한 수면 아래에도 삶은 그리 만만하지만은 않은 듯, 그 흔하던 명태도 오징어도 근해에는 오지 않는다는 어부들의 탄식이다.

그러고 보면 하늘도 너무 멀어서 이 땅이 평온하고 아름답게만 보이는 게 아닐까. 인공위성에서 본 우리가 사는 지구, 우주비행사마다 그 초록별의 아름다움을 찬탄하지 않던가? 그래서 이 곤고한 땅에서 드리는 우리들의 기도에 아무런 응답이 없는 게 아닐까? 오늘 밤엔 철야의 기도라도 드려야 할 것 같다. 좀 가까이 오셔서 보시라고. 그리고 속이 시원하게 응답 좀 해주십사고. 2000년 전 그때처럼.

2018. 7. 6.

입양아

티브이에서 특별한 만남의 방송을 한다. 먼 이국땅 낯선 곳으로 입양되어 부모의 얼굴은커녕 출신 성분조차 모르는데 자신을 낳아준 부모를 찾으려고 성인이 되어 찾아온 그들, 얼굴은 한국 사람이나 언어 행동은 서구화된 젊은이들, 낳아준 것만으로도 감사하다며 만나기를 희망하고 찾아온 그들, 그중에 어렵게 형제를 만나 감격의 눈물을 흘리기도 한다.

얼마나 고맙고 감사 한 일인가, 부모가 온갖 정성을 쏟아 어렵게 키워낸 자식들도 그 부모를 외면하고 버리기까지 하는가 하면, 상상하기조차 힘든 극단의 끔찍한 사건 사고들이 줄을 잇는 이 땅의 서글픈 현실 속에서,

부모와 자식, 말 한마디에 녹아내리는 얼음물처럼 서운함도 아픔도 순간에 다 잊어버리는 존재, 신의 입김, 그의 형상으로 태어난 그 태초의 생기를 잃지 말아야 할 일이다.

2013. 9. 3.

사우디아라비아

알무자흐미야 붉은 사막의 모래언덕, 그곳에 사는 사막의 안내자, 그는 손님 대접에 지극 정성이라 저녁이면 환하게 불을 밝혀 길을 잃지 않도록 배려한다. 도시에 살기 싫어 사막에 살면서 동물들을 키우는데 특히 아기염소가 귀엽다며, 상당한 급료도 받으면서 여유롭게 지낸다 한다.

태양열을 이용해 전기를 공급받고 음식도 자유자재로 마련하고 에어콘도 돌리며 붉은색과 금색을 섞은, 아랍 사람들이 좋아하는 자신의 거처, 여기저기 치장도 금색으로 했다며 휘황찬란한 경계의 표지는 진정한 사우디아라비아 사람들이 여행자들에게 길을 잃지 않는 법과 사막에서의 살아가는 법을 알려주기 위해서라고 했다. 누구나 여행자일 뿐 사막 같은 세상에서 모래바람이 들려주는 이야기가 참 흥미롭다.

신촌 세브란스병원

누군가가 보내온 메시지를 읽었다. 며칠 전까지 전화로 대화를 주고받은 김송배 시인이 세상을 떠났다는 소식이다. 호탕하고 술을 좋아하시더니 술 탓일까, 유명을 달리한 사실이 믿어지지 않는다.

주섬주섬 채비를 차리고 버스로 잠실까지, 그리고 지하철로 신촌에 갔다. 지하철역에 내려 장례식장까지 혹여 지나는 택시를 잡을 수 있을까, 지나는 차들의 질주 속에 목을 빼고 기다려도 헛수고뿐, 망설이다가 걸어갈 거리가 좀 멀긴 하지만, 예전에 우리 아이들 대학교 다녔던 그때의 그 걷던 길, 여러 차례 왔다 갔다 했던 낯설지 않은 그 길을 생각하며 주위를 살펴본다. 지금은 무엇이 달라졌을까, 한 걸음 한 걸음씩 발자국을 옮긴다.

마침내 마주한 학교 정문 앞, 신호등의 파란불이 들어오길 기다리며 잠시 그때를 생각해 본다. 참 오랜만이다, 입학 때, 졸업식 때, 연주회 때 우리는 기쁘고 감사한 마음으로 사진을 찍고 시간을 보냈었지, 그런데 지금은 나도 세월의 유속流速을 절감할 나이, 한달음에 오가던 길을 힘겹게 걸어 저녁 어둠의 시간에 마지막 인사로 장례식장을 찾아가고 있다.

도착한 장소엔 낯선 얼굴들뿐, 내가 아는 이들은 왔다 가버렸는지, 보이지 않고 시인의 영정사진만 미소로 나를 반긴다. 돌아서려는 길, 낯익은 얼굴 몇 분과 대화를 나누고 되돌아선다. 다시 지하철, 버스로 집에 도착해보니 자정이 가까운 시간이다, 같은 길을 걷던 사람 보내는 일, 몸은 힘들었으나 마음은 편안하다. 시인의 명복을 빈다.

2025. 4. 7.

아침

무슨 할 말이 저리도 많아 소란스러울까, 이른 아침 창밖은 여기저기 새들의 합창, 공연을 앞둔 어느 합창단의 예행연습이라도 하는 듯하다.

어쩌면 저들끼리 모여 하루를 여는 소망의 통성기도라도 드리는 것이 아닐까. 이 시간 묵언으로 드리는 내 기도, 각각 헤어져 있으나 기도 가운데 만나 건강하고 행복하게 살아가길 바라는 이 어미의 자녀들을 향한 절실한 간구의 기도처럼, 저만치 집 앞을 지나는 고속도로에는 오늘도 어딘가로 각자의 길을 가는 차량의 행렬이 줄을 잇는다.

소식 없어도 잘 지내고 있겠지, 항상 바쁘다는 이유로 너희 얼굴 못 본 지가 해를 넘겨 제법 오래된 듯, 하지만 저 새들만큼 가끔 모여 쏙닥쏙닥 재미있게 살아가야지, 힘차게 고속으로 달려가는 저 차들도 가끔은 휴게소를 찾아 쉬어가듯이. 생은 속도전이 아닌 제 보폭으로 즐기는 과정이거든. 오늘도 새들이 쪼아대는 시간의 껍질을 줄탁동시

啐啄同時, 안에서 반응하는 내 기도와 함께 또 하루의 아침을 연다.

2024. 6. 27.

커피숍에서

동해바다가 한눈에 내려다보이는 고층 카페, 8층 홀 안은 즐비한 양주병들과 은은하게 풍겨오는 커피의 향내, 테이블 한편엔 여인들 한 무리 둘러앉아 베푸는 수다의 향연이 다정하게 보인다. 탁 트인 유리창 밖으로 펼쳐진 푸른 바다의 고요가 나를 품어주는 신선하게 다가서는 평화로운 한나절,

안개비 너머로 희미하게 보이는 수평선, 전망 좋은 자리를 찾는 일행에게 돌아가는 의자이니 아무 데나 앉으셔도 좋다는 안내인의 설명, 각자 취향대로 자리 잡고 한참 이야기하다 보면, 의자가 도는 것인지 밖의 유리문이 도는 것인지, 중심축의 움직임 따라, 전망은 바뀌어 간다.

이제 집으로 돌아갈 때라는 말에, 하루쯤 더 머물고 싶은 내심은 숨기고, 아쉬움 조금 남겨놓아야, 또 다음을 기약할 수 있지 않겠어. 일행에게 하는 말이기보다는 내가 나를 설득하며 자리를 뜬다. 바다는 자꾸 내 발목을 잡는

듯, 돌아오는 차편에 바다를 한 짐 실었다. 오늘 밤은 바다를 안고 자야지.

세대차

요즈음 젊은 세대들 참으로 실망스럽고 걱정된다. 뉴스 시간에 접하는 사건 사고들, 교제 폭력이 일상이 되고 살인까지 일삼는가 하면, 음란물 장사에 마약 장사, 힘들이지 않고 돈 버는 데만 혈안이고, 길거리에서 노인을 폭행하기도 한단다. 심지어 제 어머니 아버지를 폭행하고 죽이기까지 한다니 세상이 갈 데까지 간 것 아니겠냐고 여기저기 어른들의 걱정이 태산이다. 부모는 키우느라 힘들었을 텐데 어떻게 천하보다 귀하다고 하는 한 생명을, 그도 지나쳐 연쇄살인까지 할 수 있을까?

어르신들 걱정 끼쳐 죄송한데요, 뉴스에 나오는 애들은 극히 소수이지요, 대다수 젊은이는 건강하다는 것 먼저 알아주셨으면 좋겠네요. 잘 키우려고 애쓰셨지요. 그런데 TV다 스마트폰이다, 열기만 하면 나오는 광고, 거기 지상천국의 도구들이 다 있는데 돈 욕심이 왜 없겠어요. 포르노 버금가는 외설의 화면은 또 얼마나 많은데요. 이게 다 우리가 하는 짓입니까. 어르신들 작품이잖아요. 좋은 대학 가려고 수학 공식 외우고 영어 단어 베끼느라 친구들과 잘 노는 공부는 꿈에서도 해본 일이 없는데 남자애든 여자애든 무슨 좋은 교제를 기대해요. 저항하는 건 아니고요, 도매금으로 다루어지는 건 좀 섭섭해서 그러합니다.

이천 년 전 그날, 한 젊은이가 산 위에서 가르치던 그 말씀의 현장이 보고 싶다.

꽃 이름
그리고 어머니

신응소 시집

5

폭우

귀를 활짝 열라 하시나 보다
빗발치는 단어들이 하늘에서 허공을
가득 채우듯 쏟아진다
괴성까지 지르며 끝내는 대지 위에
모든 낮은 것을 지우기 시작한다

시원스레 세차게 퍼붓는
저 빗소리
숨죽이고 듣다 보면
"너희는 거룩한 성전이 되라" 말씀하신 대로
오염된 이 땅을
손수 청소하시며 타이르는
또 다른 무언의 명령

보는 눈만 없다면 알몸으로
저 폭우 속에 뛰쳐나가
두 손 높이 들고 빌고 싶다

내 몸에 덕지덕지 눌러앉은
세월의 잔해와
온갖 이욕利慾에 오염된 내 영혼까지
모두 씻어 달라고.

새벽기도

새벽을 밝히는 것은
나의 숨소리뿐, 모두가 먼 길
여행 중인가 봅니다

아버지께서는 다 아실 텐데
자신의 앞가림조차 못하는 나, 그래도
자녀라 품어주시는 주님

허물 많은, 수련조차 게으른 나를
있는 모습 그대로 받아주시며
나의 허물을 덮어주고 계시는데
나만 모르고 있었나 봅니다

어느 자식이 어버이 마음을
헤아릴 수 있을까,
철없는 이 딸도 이 땅의 어미로 살며
그 마음 조금은 알 것 같아 모두 잠든 새벽,
아버지 앞에 엎디옵니다

조리條理도 당위當爲도 없이 드리는 제 사설
아버지 뜻 안에서 용납해 주시고
긍휼만은 저버리지 마시옵소서.

잔디광장

싱가포르 잔디광장에
모여 앉은 각국의 많은 사람

휘황찬란한 네온의 불빛
성탄 축제처럼 환하게 불 밝혀 놓은
어스름 초저녁

왕의 특별행사가 있을 때나,
저녁 초대의 댄싱 파티
크고 작은 각종 행사의 자리로는
완벽한 시설의 멋진 장소

여기저기 사람들은
서로서로 어우러져 함께 춤을 추고
노래를 부른다

아기 예수 탄생의 메시지도
전한다는 그곳에, 구유와 동방박사는
보이질 않았다.

수동성당

어느 지인은 내게 한번 가보시라 했다, 어머니 입원해 계신 수동요양병원에 다녀오던 날, 지인의 말 따라 수동성당에 갔다. 본당에 들어가서 기도를 마치고 나오는 길, 여기저기 뒤뜰 정원으로 이어 펼쳐지는 산속, 우뚝우뚝 다가서는 소나무들 곁의 쉼터, 잘 다듬어진 잔디를 밟다가 아래층 계단으로 내려오던 참,

휴게실에 모여 앉아 있던 몇 사람이 나를 보더니 그중 한 사람이, 내 곁으로 다가와 고개를 숙이며 잘 오셨다는 인사를 건네고 나도 고맙다는 표시로 고개를 숙였다가 "성당이 참으로 아담하고 아름다워요" 말하니 그는 한 번 더 돌아보시라며 다시 본당으로 안내를 한다.

그의 안내로 다시 본당에 들어선 내 눈에 유난히 뚜렷이 다가오는 모습, 십자가에 매달리신 예수상이다. 주님 날 위해 지신 십자가 나도 그 십자가 제대로 지고 이 세상을 살아갈 수 있을까, 새삼 그 앞에 무릎을 꿇는다.

빗소리

며칠째 그칠 줄 모르고
쏟아지는 호우

육이오의 포성과 피난민들의
갈팡질팡하던 비명의 아우성처럼
하늘과 땅 사이의 이변,
천둥번개는 연달아 존재감을 과시하고
지은 죄도 없이 움츠러드는 가슴
순간순간의 예기치 않은 공포

그분께서는 또 다른 노아의 홍수를
예비하시려는지, 계속 쏟아져 내리는
저 빗소리.

어느 날

사월의 어느 봄날
지나는 담 밑으로 하나둘 떨어지는 꽃잎
바람결에 내 발등에 실린다

침상의 자리를 떨치고
곧 쓰러질 것 같았던 피곤한 몸으로
반쯤 뜨고 반쯤은 감은 눈으로 나선 공원 산책길
피었다 지는 꽃같이 우리네 인생도 언젠가는
이 세상에서 사라지겠지,

밟히면 밟힌 대로
꺾이면 꺾인 채로
엎드려서도 꽃을 피우는 들꽃처럼
삶은 강인한 것, 누구나
제 나름대로 최선을 다해 사는 거지

저 꽃잎 하나하나 따서
책갈피에 재워놓으면 먼 후일 누군가에게
귀한 선물이 될 수 있을까,
오래된 동굴의 화석처럼.

1995. 4.

악성 댓글

비가 내린다, 겨울비가
창밖은 잿빛 하늘, 눈 같기도 비 같기도 한
진눈깨비가 내린다
올 한해도 얼마 남지 않은
십이월 중순

머릿속에 각인된 몇 페이지의
싸늘한 사연들이 빗물과 함께 가득 들어차고
다정했던 그 미소 뒤에 숨은 칼날이
무너질 듯 두 다리를 휘청거리게 한다
전갈처럼 머릿속에 스멀거리는 글자들
아직은 삭제할 때가 아니다 하면서도 파지를
던져 넣을 휴지통을 찾는다

사람이라서 사람을 오해하는 법
우리는 얼마나 타인을 이해할 수 있을까.
때로는 칼보다 무서운 언어의 폭력
문자로 기록된다는 건 그 폭력의 영구적
지속을 뜻하는 것, 다시 한번 화면에 떠오르는
문자들의 행렬을 따라가 본다

그래, 아직은 지우지 말자.
오랜 상흔을 더듬어 보듯 때때로 확인하면서
지어본 적 없었던 내 표정을 읽어보는
또 다른 분노를 즐겨보자.
창밖에는 아직도 비가 내린다.

2004. 12. 15.

어떤 연습

잠시 귀를 막고 눈을 감는다.
매일 보면서도 짖어대는
아랫집 삽살개, 애들만 보면 달려와
발길질하는 앞집 수탉
아침마다 찾아와 짹짹거리는
참새들의 지저귐까지

비 온 뒤에 땅이 굳어진다 하니
잠시 미뤄두기로 한
의문부호들,
지나다 보면 정답은 몰라도
수긍할 만한 답은 찾겠지

개들은 개같이 짖어대고
새들은 새처럼 지저귀는 일
그게 세상의 순리지
우린 가끔, 개한테, 참새한테
사람의 말을 강요하는 게 아닐까.

눈을 감고 귀를 막자
강을 건너는 덴 나룻배 한 척이면 족하듯
세상에는 보아야 할 것도,
들어야 할 이야기도 많지 않은 법
묵언 수행하듯, 눈 감고 귀 막는
연습이라도 시도해 볼 일이다.

김종삼 시인의 시비 제막식

김종삼 시인의 시비 제막식이 있던 날
찬바람 싸늘하게 불어오는 그 겨울
이른 아침, 인사동 입구에서 관광버스에 올랐다,

서로 인사도 나눠지 않은, 몇몇 시인들이
겨울 찬바람에 흔들리고
시에, 버스에 흔들리면서 서울 근교
송림 숲이 사방으로 펼쳐진 곳

거기, 돌비는 땅바닥에 비슷하게 뉘어져 있고
버스에서 내린 우리는
추위 속에 햇살을 찾아 이리저리
발걸음을 옮겼다, 누군가가
덜덜 떨고 있는 내 뒷등의 찬바람을
가려주는 고마움

김종삼 시인이 그간 걸어온 삶의
여정에 대한 해설과
시 낭송이 이어졌고
그분의 시, 스와니강, 그리운 스티븐,
오늘은 용돈이 든든하다는 시가 낭송되었다

나는 왜 여기까지 와서 섰는가,
한 번도 그분을 보았거나 만난 적이 없다,
다만 그 시인의 시가 좋아
몇 편을 외우고 다니는 정도일 뿐

겨울 찬바람이 싸늘하게 불어댄다
아마도 이 세상, 사막 같은 모래바람을
피하려 거기에 갔었나 보다.

1997. 겨울

비가 와야

아침부터 날씨가 흐렸다,
봄 가뭄이라 사람들은 비를 기다리며
비가 와야, 농촌을
살릴 수 있다고 성화다.

오늘 내가 준비해야 할 일은
구십 분씩 해야 할, 강의 준비와
갑자기 내리는 비를 피할 우산
비가 쏟아질 거라고,

오늘 밤, 내리는 비는 폭우일 거라는 뉴스다
비 오는 날이면 생각나는
어린 시절의 추억 속, 책갈피에
재워두었던 나의 비밀 하나

이렇게 흐리고 비 오는 날엔
반가운 손님 맞듯 비를 맞는 일
버리고자 해도 버리지 못하는
내 마음, 구석구석까지
입은 옷 그대로 몸과 함께 촉촉하게
젖어보는 일이다

사랑과 미움과 원망까지
잊어버리지 못하고 끌어안고 있는
사막이 된 내 좁은 가슴에
물길 하나 내는 일이다,

아무래도 오늘은
우산은 두고
무거운 책가방이나 챙겨야겠다.

1997.

지도자란

나의 스승님은 늘 말씀하셨다,
잠잘 것 다 자고 언제 공부해
글을 쓰겠느냐, 하시며 이르시던
언제나 새벽 두 시까지는 공부하신다는 말씀
나는 고속도로를 달려간다,

시월의 햇살은
잠의 신이 쏘아대는 화살
정신, 정신을 차려야지, 눈 똑바로 뜨고
교계 지도자들, 나쁜 사람들이
너무 많다 하신 나의 스승님,
늘 의문이던 그 말씀,

그들은 직업인이라, 먹고 살기 위해
하는 일이지, 저들이 뭐나 된 줄로
하나님 다음으로 높은 줄 알고 있으니,
겸손은 뒷전, 교우들 앞에서의
헌신적인 사랑은 몇 점이나 될까,

거짓과 성실 결여의 지도자에서
보이는 행동들이 참 한심하다고
말씀하시던 나의 스승님
떠나가신 빈자리가 너무 휑합니다.

어머니

어머니 지금 시간은 새벽 3시입니다.
얼음처럼 차디찬 고요가
대지 위에 가득 차 있습니다.

당신께선 따스한 봄 햇살처럼
제게 모든 걸 채워주셨지요.
나무들도 잠들었는지, 바람은 부는데
흔들리는 나뭇잎 소리조차 들리지 않습니다.

책상 위 백열등 전구가
방안을 붉게 태우고, 머리맡 자리끼가
바닥을 보일 때까지
마셔도 마셔도 타들어 갈 것 같은
갈증이 멈추지 않는,

살면서 마주치는 상황마다
어머니 이르시던 말씀을 다시 회상해 봅니다.
그러나 어머니 음성과 체온이
느껴지지 않습니다.

문틈으로 새어드는 찬바람과,
이따끔씩 창문을 두드리는 맞바람 소리,
그리운 어머니, 꾸지람일지라도 그 목소리
다시 한번 듣고 싶습니다.

1997. 12.

눈이 내리는데

하얗게 눈 덮인 길을 걸어간다,
어제부터 내린 눈길은 심히 미끄럽고
혹한의 바람이 매우 차다

아침 9시, 법원 등기과를 찾아
볼일을 마치고 나오는 중, 법원에서 나오는
호송 차량이 앞을 가로질러 간다

무슨 사연들일까,
저 호송차에 실려 가는 사람들,
애틋한 기분에 외면하고 싶은 정경
계속 눈 내리는 길을
미끄러지듯 달려간다

사람 사는 세상에서 벌어지고 있는
유쾌하지 않은 일들,
우리 서로에게 좋은 일만 있기를 바라며
돌아오는 길

거리엔 저마다의 삶을 찾아
줄지어 걸어가는 군상群像들의 행렬
비틀거리는 발걸음이 안쓰럽다.

1998. 2. 10.

인사동 길

이마를 맞대고 있는 인사동 골목길
막힐 듯 끊어질 듯
영화 속 장면 같은 미로

줄지은 집들의
지붕 물받이마저 제멋대로다
어떤 곳은 곧 주저앉아버릴 듯
지친 모습이고
더러는 새 단장을 뽐내기도 하고
키나 몸피가 고만고만한 집들 사이
미로 속 찻집을 나와, 다시
미로의 처음 가보는 길

등을 보이는 집을 지나면
대문이 활짝 나를 반기듯
이제 막다른 골목이다 싶으면 어느새
옆으로 꼬부라지는 길들의
숨바꼭질, 지금껏
걸어온 길 되돌아 가야하나,

세상의 길은 모두 통하는 법이라는데
갈 데까지 가봐야 하겠다,
인사동에 오면
길이 길을 걷는 발걸음이 보이고
세상이 보인다.

새해의 기도

주님 또다시 새해가 밝아 옵니다
인생이 한순간이라더니 참으로 그러합니다

유난히 덥던 지난여름도 지나고
어느덧 가을을 거쳐 겨울 한가운데 들어
가까운 이웃 몇몇도 낙엽 따라 천국으로 이사 가고
지상에 남은 우리들, 시간을 아끼라
이르시던 주님 말씀 잊지 않았지만
실행은 늘 유보되고 있습니다

이 지구의 온난화로 인한 기후 위기,
전쟁으로 파괴되어 가는 세계의 질서
마비된 인간성, 만연한 생명 경시의 작태,
참혹한 현실 앞에 말문을 열 수가 없습니다
분단의 비극을 극복하지 못한 우리의 현실
양극화는 가속되고 갈등의 계곡을 메울
아무런 희망도 가시권에 들어오지 않습니다

그러하더라도 주님, 새해는 이 땅에 전쟁이 멈추고
모든 재화가 골고루 나누어지며
억울한 사람, 핍박받는 사람 없고
질병과 자연재해라는 말이 사라지는
그런 한 해로 허락하여 주소서.
사람이 사람 대접받고 살 수 있는 그런 세상
주님 뜻대로 이루어 주소서.

믿음의 길

죽어야 산다 하네
그분이 십자가에 달려 죽으심 같이
우리 구원을 위해
그러나 그게 싫지 않으니
자신을 타이르면서
용서도 이해할 수도 없는 지경에 이른
어긋난 행동의 그들

이제 다시 살 수 있을까
그분의 말씀 듣고 싶은데
백번쯤 더욱더 참으라 하시니
내가 나를 죽이고 또 죽여야 산다는
살기 위해 죽어야 한다는데
자꾸만 헛길로 가네,

언제쯤이면 그분이 원하시는
참 제자가 될 수 있을까.